Oscar Wilde

Der glückliche Prinz

Drei Märchen

dtv

Die Taschenbibliothek

Die vorliegenden Texte wurden nach den englischen Originalausgaben neu übersetzt: ›Der glückliche Prinz‹ von Doris Feldmann, Joachim Frenk, Charlotte Hagemann, Bärbel Krömer und Kurt Tetzeli von Rosador, der auch die beiden weiteren Märchen dieses Bandes neu übertrug.

Januar 1997
Deutscher Taschenbuch Verlag GmbH & Co. KG, München

Gestaltungskonzept: Balk & Brumshagen
Umschlagbild: Mosaik von Louis Comfort Tiffany
Gesamtherstellung: C. H. Beck'sche Buchdruckerei, Nördlingen
Printed in Germany · ISBN 3-423-08366-2

Inhalt

Die Nachtigall und die Rose

Sie hat versprochen, mit mir zu tanzen, wenn ich hr rote Rosen brächte«, sprach der junge Student, aber in meinem ganzen Garten ist nicht eine rote Rose.«

In ihrem Nest in der Steineiche hörte ihn lie Nachtigall und blickte durch die Blätter und lachte nach.

»Nicht eine rote Rose in meinem ganzen Garen!« sprach er, und seine schönen Augen füllten ich mit Tränen. »Ach, von welchen Kleinigkeiten ıängt das Glück doch ab! Ich habe alles gelesen, vas die Weisen geschrieben haben, und mein sind lle Geheimnisse der Philosophie; doch weil ich eine rote Rose habe, lebe ich im Elend.«

»Hier ist er endlich, der wahre Liebende«, sagte lie Nachtigall. »Nacht um Nacht habe ich ihn beungen, obwohl ich ihn nicht kannte. Nacht um Nacht habe ich den Sternen seine Geschichte erählt, und jetzt sehe ich ihn. Sein Haar ist dunkel wie die Blüte der Hyazinthe. Und seine Lippe sind rot wie die Rose seiner Sehnsucht, aber di Leidenschaft hat sein Gesicht zu bleichem Elfen bein gemacht, und der Schmerz hat ihm sein Siege auf die Stirne gedrückt.«

»Der Prinz veranstaltet morgen nacht eine Ball«, murmelte der junge Student, »und die ic liebe wird dabei sein. Wenn ich ihr eine rote Ros bringe, wird sie bis zur Morgenröte mit mir tan zen. Wenn ich ihr eine rote Rose bringe, werde ic sie in meinen Armen halten, und sie wird ihre Kopf an meine Schulter lehnen, und ich werde ihr Hand in meiner halten. Aber in meinem Garten is nicht eine rote Rose, darum werde ich verlasse herumsitzen, und sie wird mich übergehen. Si wird mir keine Beachtung schenken, und das Her wird mir brechen.«

»Hier ist er wirklich, der wahre Liebende«, sagt die Nachtigall. »Wovon ich singe, erleidet er. Wa mir zur Lust ist, ist ihm zur Pein. Ja, die Liebe is etwas Wunderbares. Sie ist kostbarer als Smaragd und teurer als erlesene Opale. Perlen und Gra natäpfel können sie nicht kaufen, auch wird sie au dem Markt nicht feilgeboten. Von Kaufleuten kan sie nicht erstanden, noch in den Waagschalen mit Gold aufgewogen werden.«

»Die Musiker werden auf der Empore sitzen«, sagte der junge Student, »und die Saiten ihrer Instrumente streichen, und die ich liebe wird zum Klang von Harfe und Geige tanzen. Sie wird so leicht einhertanzen, daß ihre Füße den Boden nicht berühren werden, und die Höflinge in ihren prächtigen Gewändern werden sie umschwärmen. Mit mir aber wird sie nicht tanzen, denn ich habe keine rote Rose für sie«; und er warf sich auf den Rasen, vergrub das Gesicht in den Händen und weinte.

»Warum weint er?« fragte eine kleine grüne Eidechse, während sie vorübereilte, den Schwanz noch in die Luft gereckt.

»Ja, warum eigentlich?« fragte ein Schmetterling, der hinter einem Sonnenstrahl herflatterte.

»Ja, warum eigentlich?« flüsterte ein Gänseblümchen einer Nachbarin mit leiser, sanfter Stimme zu.

»Er weint wegen einer roten Rose«, sagte die Nachtigall.

»Wegen einer roten Rose?« riefen die anderen, »wie lächerlich!« Und die kleine Eidechse, die auch eine kleine Zynikerin war, lachte lauthals.

Aber die Nachtigall verstand das Geheimnis des Schmerzes des Studenten und saß schweigend in dem Eichbaum und dachte über das Mysterium der Liebe nach.

Plötzlich breitete sie ihre braunen Flügel zum Fluge aus und stieg empor in die Lüfte. Sie glit durch den Hain wie ein Schatten, und wie ein Schatten segelte sie über den Garten.

In der Mitte des Rasens stand ein schöner Rosenstrauch, und als sie ihn erblickte, flog sie zu ihm und ließ sich auf einem Zweig nieder.

»Gib mir eine rote Rose«, sagte sie, »und ich werde dir mein süßestes Lied singen.«

Aber der Strauch schüttelte den Kopf.

»Meine Rosen sind weiß«, antwortete er, »so weiß wie die Gischt des Meeres und weißer als der Schnee im Gebirge. Aber gehe zu meinem Bruder der hinter der alten Sonnenuhr wächst, und vielleicht gibt er dir, was du verlangst.«

Also flog die Nachtigall zu dem Rosenstrauch der hinter der alten Sonnenuhr wuchs.

»Gib mir eine rote Rose«, sagte sie, »und ich werde dir mein süßestes Lied singen.«

Aber der Strauch schüttelte den Kopf.

»Meine Rosen sind gelb«, antwortete er, »so gelb wie das Haar der Seejungfrau, die auf ihrem Bernsteinthron sitzt, und gelber als die Narzisse, die auf der Wiese blüht, bis der Schnitter mit seiner Sense kommt. Aber gehe zu meinem Bruder, der unter dem Fenster des Studenten wächst, und vielleicht gibt er dir, was du verlangst.«

Also flog die Nachtigall zu dem Strauch, der unter dem Fenster des Studenten wuchs.

»Gib mir eine rote Rose«, sagte sie, »und ich werde dir mein süßestes Lied singen.«

Aber der Strauch schüttelte den Kopf.

»Meine Rosen sind rot«, sagte er, »so rot wie die Füße der Taube und roter als die großen Fächer der Koralle, die in den Grotten des Ozeans wogen und wiegen. Aber der Winter hat mir die Adern erstarren lassen und der Frost meine Knospen zerstört und der Sturm die Zweige zerbrochen, und ich werde dieses Jahr überhaupt keine Rosen tragen.«

»Eine rote Rose, das ist alles, was ich verlange«, sagte die Nachtigall, »nur eine rote Rose! Gibt es denn kein Mittel, wie ich sie bekommen kann?«

»Es gibt ein Mittel«, sagte der Strauch, »aber es ist so schrecklich, daß ich es dir nicht zu sagen wage.«

»Sage es mir«, sprach die Nachtigall, »ich fürchte mich nicht.«

»Wenn du eine rote Rose willst«, sagte der Strauch, »so mußt du sie schaffen aus Musik bei Mondenschein und mit deinem eigenen Herzblut färben. Du mußt, einen Dorn gegen die Brust, für mich singen; eine ganze Nacht mußt du für mich singen, und der Dorn muß in dein Herz dringen, und dein Blut muß in meine Adern fließen und mein werden.«

»Der Tod ist ein hoher Preis für eine rote Rose«, rief die Nachtigall aus, »und das Leben ist allen wert und teuer. Es ist schön, im grünen Wald zu sitzen und der Sonne in ihrem Goldwagen zuzusehen und dem Mond in seinem Perlenwagen. Süß ist der Duft der Heckenrose, und süß sind die Glokkenblumen, die sich im Tale verstecken, und das Heidekraut, das auf dem Hügel blüht. Die Liebe aber ist besser als das Leben, und was ist das Herz eines Vogels gegen das Herz eines Mannes?«

Also breitete sie ihre braunen Flügel zum Fluge aus und stieg empor in die Lüfte. Sie strich über den Garten wie ein Schatten, und wie ein Schatten segelte sie durch den Hain.

Der junge Student lag immer noch im Gras, dort, wo sie ihn verlassen hatte, und die Tränen in seinen schönen Augen waren noch nicht getrocknet.

»Sei glücklich«, rief die Nachtigall, »sei glücklich: du sollst deine rote Rose haben. Ich werde sie schaffen aus Musik bei Mondenschein und mit meinem eigenen Herzblut färben. Ich verlange von dir nichts weiter dafür, als daß du wahrhaft liebst; denn die Liebe ist weiser als die Philosophie – und diese ist weise – und mächtiger als die Macht – und diese ist mächtig. Flammenfarben sind ihre Flügel, und wie eine Flamme ist ihr Leib gefärbt. Ihre Lippen sind süß wie Honig, und ihr Atem ist wie Weihrauch.«

Der Student blickte vom Grase auf und lauschte, aber er verstand nicht, was ihm die Nachtigall sagte, denn er kannte nur, was in Büchern geschrieben stand.

Aber der Eichbaum verstand und ward traurig, denn er mochte die kleine Nachtigall sehr, die ihr Nest in seinen Zweigen gebaut hatte.

»Singe mir ein letztes Lied«, flüsterte er; »ich werde einsam sein, wenn du nicht mehr da bist.«

Also sang die Nachtigall für den Eichbaum, und ihre Stimme glich dem Wasser, das aus einem silbernen Krug perlt.

Als sie ihr Lied beendet hatte, stand der Student auf und zog Notizbuch und Bleistift aus der Tasche.

»Das hat Gestalt«, sagte er zu sich, während er durch den Hain fortging, »das kann ihr nicht abgesprochen werden. Aber hat es auch Gefühl? Ich fürchte, nein. Tatsache ist, sie ist wie die meisten Künstler – ganz Stil ohne Aufrichtigkeit. Sie würde sich nicht für andere aufopfern. Sie denkt nur an die Musik, und jedermann weiß, daß die Künstler egoistisch sind. Immerhin, ich muß zugeben, daß ihre Stimme ein paar schöne Töne hat. Nur schade, daß sie nichts bedeuten und von keinerlei praktischem Nutzen sind!« Und er ging in sein Zimmer, legte sich auf seine schmale Pritsche und begann an die zu denken, die er liebte. Und nach einer Weile schlief er ein.

Und als der Mond vom Himmel schien, flog die Nachtigall zu dem Rosenstrauch und preßte ihre Brust gegen den Dorn. Die ganze Nacht sang sie, die Brust gegen den Dorn, und der kalte kristallene

Mond neigte sich herunter und lauschte. Die ganze Nacht sang sie, und der Dorn drang tief und tiefer in ihre Brust, und Blut und Leben schwanden ihr dahin.

Zuerst sang sie von der Geburt der Liebe im Herzen eines Knaben und eines Mädchens. Und auf dem obersten Zweig des Rosenstrauches erblühte eine wunderschöne Rose, Blatt für Blatt, so wie ein Lied aufs andere folgte. Sie war zunächst bleich, so wie der Dunst, der über dem Flusse lagert, bleich wie die Füße des Morgens und silberfarben wie die Flügel der Morgendämmerung. Wie der Schatten einer Rose in einem Silberspiegel, wie der Schatten einer Rose in einem Teich – so war die Rose, die auf dem obersten Zweig des Strauches erblühte.

Aber der Strauch drängte die Nachtigall, sich fester gegen den Dorn zu drücken. »Drück fester, kleine Nachtigall«, rief der Strauch ihr zu, »sonst bricht der Tag an, ehe die Rose vollendet ist.«

Also drückte die Nachtigall sich fester gegen den Dorn, und ihr Gesang wurde immer lauter, denn sie sang von der Geburt der Leidenschaft in der Seele eines Mannes und eines Mägdeleins.

Und ein zartes Rosa ergoß sich in die Blätter de Rose, dem Antlitz des Bräutigams gleich, wenn e die Lippen der Braut küßt. Aber der Dorn hatt noch nicht ihr Herz erreicht, so daß das Herz de Rose weiß blieb, weil nur das Herzblut eine Nachtigall das Herz einer Rose purpurrot färbe kann.

Und der Strauch drängte die Nachtigall, sich fe ster gegen den Dorn zu drücken. »Drück feste kleine Nachtigall«, rief der Strauch ihr zu, »sons bricht der Tag an, ehe die Rose vollendet ist.«

Also drückte die Nachtigall sich fester gegen de Dorn, und der Dorn stach ihr ins Herz, und ein wil der Schmerz durchzuckte sie. Bitter, bitter war ihr Pein, und wild und wilder wurde ihr Gesang; den sie sang von der Liebe, die sich im Tode erfüllt, vo der Liebe, die im Grabe nicht stirbt.

Und die wunderschöne Rose färbte sich purpur rot, wie die Rose am Himmel des Ostens. Purpur rot war der Kranz der Blätter, und purpurrot wi ein Rubin war das Herz.

Doch die Stimme der Nachtigall wurde schwac und schwächer, und ihre kleinen Flügel began nen zu beben, und ein Schleier legte sich ihr übe die Augen. Schwach und schwächer wurde ihr Gesang, und sie fühlte, wie etwas ihr die Kehle zuschnürte.

Ein letztes Mal verströmte sie sich in Musik. Der weiße Mond hörte sie, und er vergaß die Morgendämmerung und verweilte am Himmel. Die rote Rose hörte sie und erbebte vor Lust und öffnete der kalten Morgenluft ihre Blätter. Das Echo trug sie zu seiner Purpurhöhle in den Bergen und weckte die schlafenden Hirten aus ihren Träumen. Sie wehte durch die Schilfrohre am Flusse, und diese überbrachten ihre Botschaft dem Meer.

»Da, sieh!« rief der Strauch aus, »die Rose ist jetzt vollendet.« Doch die Nachtigall gab keine Antwort, denn sie lag tot im hohen Gras, den Dorn im Herzen.

Aber zur Mittagstunde öffnete der Student das Fenster und blickte hinaus.

»Sieh da, was für ein glücklicher Zufall!« rief er aus; »da ist ja eine rote Rose! Eine solche Rose habe ich mein Lebtag noch nicht gesehen. Sie ist so schön, daß sie gewißlich einen langen lateinischen Namen hat.« Und er beugte sich hinunter und pflückte sie.

Dann setzte er den Hut auf und lief, mit der Rose in der Hand, zum Haus des Professors.

Die Tochter des Professors saß am Eingang und wickelte, einen kleinen Hund zu ihren Füßen blaue Seide auf eine Spule.

»Du hast mir gesagt, du würdest mit mir tanzen wenn ich dir eine rote Rose brächte«, sagte der Student. »Hier ist die roteste Rose der ganzen Welt Du wirst sie heute nacht an deinem Herzen tragen und wenn wir miteinander tanzen, wird sie dir sagen, wie ich dich liebe.«

Doch das Mädchen runzelte die Stirn.

»Ich fürchte, sie paßt nicht zu meinem Kleid« entgegnete sie, »und außerdem hat mir der Neffe des Kammerherrn echten Schmuck geschickt, und jedermann weiß, daß Schmuck viel mehr kostet al Blumen.«

»Nun denn, ich finde, du bist sehr undankbar« sagte der Student zornig; und er warf die Rose au die Straße, wo sie in der Gosse landete und ein Wa genrad über sie rollte.

»Undankbar!« sagte das Mädchen. »Ich finde du bist sehr unhöflich. Und, genau besehen, we bist du schon? Doch nur ein Student. Ich bin mi sicher, daß du nicht einmal Silberschnallen an deinen Schuhen hast – so wie der Neffe des Kammerherrn.« Und sie stand von ihrem Stuhl auf und ging ins Haus.

»Was ist die Liebe doch albern!« sagte der Student und ging fort. »Sie ist nicht halb so nützlich wie die Logik, denn sie beweist gar nichts, und immer verspricht sie Dinge, die nicht eintreffen, und macht einen glauben, was nicht wahr ist. Tatsache ist, sie ist ganz und gar unpraktisch, und da es heutzutage darauf ankommt, praktisch zu sein, will ich mich wieder der Philosophie zuwenden und Metaphysik studieren.«

Also kehrte er in seine Stube zurück, zog ein großes staubiges Buch heraus und begann zu lesen.

Der ergebene Freund

Eines Morgens steckte der alte Wasserratz den Kopf aus seinem Loch. Er hatte glänzende Knopfaugen und steife graue Schnurrhaare, und sein Schwanz war wie ein langes Stück schwarzen Kautschuks. Die kleinen Enten schwammen auf dem Teich umher und sahen genauso aus wie ein Schwarm gelber Kanarienvögel. Ihre Mutter, die schneeweiß war und ganz rote Füße hatte, versuchte ihnen beizubringen, im Wasser auf dem Kopf zu stehen.

»Ihr werdet nie zur besten Gesellschaft gehören, wenn ihr nicht auf dem Kopf stehen könnt«, wiederholte sie ein ums andere Mal; und immer wieder zeigte sie ihnen, wie es ging. Aber die kleinen Enten schenkten ihr keine Beachtung. Sie waren so jung, daß sie keine Ahnung davon hatten, wie vorteilhaft es ist, überhaupt zur Gesellschaft zu gehören.

»Was für unfolgsame Kinder!« rief der alte Wasserratz aus; »sie verdienten es wirklich, ertränkt zu werden.«

»Nichts dergleichen«, entgegnete die Ente, »jeder hat mal klein angefangen, und Eltern können gar nicht geduldig genug sein.«

»Ach! Ich kenne elterliche Gefühle nicht«, sagte der Wasserratz; »ich mache mir nichts aus der Familie. Tatsache ist, daß ich nie verheiratet war und keine Absicht habe, es je zu sein. Die Liebe ist in ihrer Art ganz gut und schön, aber die Freundschaft steht viel höher. Ja, ich kenne nichts auf der Welt, das edler oder seltener ist als ein ergebener Freund.«

»Und was, ich frage Sie, ist Ihre Vorstellung von den Pflichten eines ergebenen Freundes?« fragte ein grüner Hänfling, der in der Nähe auf einer Weide saß und das Gespräch mit angehört hatte.

»Ja, das ist exakt, was ich wissen möchte«, sagte die Ente; und sie schwamm zum anderen Ende des Teiches und stand kopf, um ihren Kindern ein gutes Beispiel zu geben.

»Was für eine törichte Frage!« rief der Wasserratz aus. »Von einem ergebenen Freund erwarte ich natürlich, daß er mir ergeben ist.«

»Und was würden Sie für ihn tun?« fragte der kleine Vogel, schaukelte auf einem Silberzweig und schlug mit seinen Flügelchen.

»Ich verstehe dich nicht«, antwortete der Wasserratz.

»Ich könnte Ihnen eine Geschichte hierzu erzählen«, sagte der Hänfling.

»Eine Geschichte über mich?« fragte der Wasserratz. »Wenn ja, dann will ich zuhören, denn der Dichtung bin ich sehr zugetan.«

»Sie paßt zu Ihnen«, antwortete der Hänfling; und er flog hinunter, ließ sich am Ufer nieder und erzählte die Geschichte von dem ergebenen Freund.

»Es war einmal«, begann der Hänfling, »ein kleiner ehrlicher Bursche, der hieß Hans.«

»War er sehr berühmt?« fragte der Wasserratz.

»Nein«, antwortete der Hänfling, »ich glaube nicht, daß er überhaupt berühmt war, es sei denn wegen seines liebevollen Herzens und seines lustigen, runden, gutmütigen Gesichts. Er lebte ganz allein in einer winzigen Hütte und arbeitete jeden Tag in seinem Garten. Kein Garten im ganzen Land war so lieblich wie seiner. Bartnelken und Levkojen wuchsen in ihm, Hirtentäschel und Storchenschnabel. Damaszenerrosen und gelbe Rosen gab es, lilafarbene Krokusse und gold- und purpurfarbene Veilchen und weiße dazu. Akelei und Wiesenschaumkraut, Majoran und Basilikum, Schlüsselblume und Lilie, Narzisse und Gartennelke sprossen und blühten in rechter Folge, so wie die Monate verstrichen, und Blume folgte auf Blume, so daß es immer Schönes zu betrachten und angenehme Düfte zu riechen gab.

Der kleine Hans hatte viele, viele Freunde, aber der große Hugh, der Müller, war der ergebenste von allen. Ja, der reiche Müller war dem kleinen Hans so ergeben, daß er niemals am Garten vorüberging, ohne sich über die Mauer zu beugen und einen großen Strauß Blumen zu pflücken oder eine Handvoll Gewürzkräuter oder sich seine Taschen mit Pflaumen und Kirschen zu füllen, wenn es Erntezeit war.

›Wirkliche Freunde sollten alles miteinander teilen‹, pflegte der Müller zu sagen, und der kleine Hans nickte und lächelte und war sehr stolz darauf, einen Freund von solch edler Gesinnung zu haben.

Die Nachbarn freilich fanden es zuweilen merkwürdig, daß der reiche Müller seinerseits dem kleinen Hans nie etwas schenkte, obwohl er hundert Säcke Mehl besaß, die in der Mühle lagerten, dazu sechs Milchkühe und eine große Herde wolliger Schafe. Doch Hans verschwendete keinen Gedanken daran, und nichts bereitete ihm größere Freude, als all den wunderbaren Dingen zu lauschen, die der Müller über die Selbstlosigkeit wahrer Freundschaft zu sagen wußte.

So arbeitete Hans mit Hingabe in seinem Garten. Im Frühling, Sommer und Herbst war er sehr glücklich, doch wenn der Winter kam und es weder Früchte noch Blumen gab, die er auf dem Markt verkaufen konnte, litt er viel Hunger und Kälte und ging oft zu Bett, ohne etwas gegessen zu haben außer einigen trockenen Erbsen oder harten Nüssen. Auch war er im Winter sehr einsam, weil der Müller ihn nie besuchen kam.

›Es bringt nichts, den kleinen Hans zu besuchen, solange Schnee liegt‹, sagte der Müller des öfteren zu seiner Frau, ›denn wenn es Leuten schlecht geht, soll man sie in Ruhe lassen und nicht mit Besuchen behelligen. Zumindest stelle ich mir das unter Freundschaft vor, und sicher habe ich recht. Darum werde ich abwarten, bis der Frühling kommt, und dann werde ich ihn besuchen, und er wird mir einen großen Korb Primeln schenken können, und das wird ihn ganz glücklich machen.‹

›Du bist anderen gegenüber wirklich so überaus rücksichtsvoll‹, antwortete seine Frau, wie sie so in ihrem bequemen Armstuhl vor dem großen Fichtenholzfeuer saß, ›wirklich überaus rücksichtsvoll. Es ist ein großer Genuß, dir zuzuhören, wenn du von der Freundschaft sprichst. Ganz sicher könnte selbst der Pfarrer nichts Erbaulicheres sagen als du, obwohl er in einem dreistöckigen Haus wohnt und einen goldenen Ring am kleinen Finger trägt.‹

›Aber könnten wir den kleinen Hans nicht zu uns einladen?‹ fragte der jüngste Sohn des Müllers. ›Wenn es dem armen Hans schlecht geht, kann ich meinen Haferbrei mit ihm teilen und ihm meine weißen Kaninchen zeigen.‹

›Was bist du doch für ein dummer Junge‹, rief der Müller aus. ›Ich weiß wirklich nicht, wozu ich dich auf die Schule schicke. Du scheinst auch gar nichts zu lernen. Schau, wenn der kleine Hans herkäme und unser warmes Feuer sähe und unser gutes Essen und unser großes Faß voll roten Weines, könnte er neidisch werden, und Neid ist etwas

Schreckliches und kann jeden Charakter verderben. Ganz gewiß werde ich es nicht zulassen, daß Hansens Charakter verdorben wird. Ich bin sein bester Freund und werde immer über ihn wachen und darauf achten, daß er nicht in Versuchung geführt wird. Und außerdem: Käme Hans her, so würde er vielleicht um ein bißchen Mehl auf Pump bitten, und das könnte ich nie. Mehl ist Mehl und Freundschaft Freundschaft, und sie sollten nicht durcheinandergebracht werden. Die Wörter werden ganz verschieden geschrieben und bedeuten auch ganz Verschiedenes. Das kann doch jeder sehen.‹

›Wie gut du sprichst!‹ sagte die Frau des Müllers und schüttete sich ein großes Glas angewärmten Bieres ein; ›ich fühle mich wirklich angenehm schläfrig. Ganz wie in der Kirche.‹

›Viele Leute tun Gutes‹, entgegnete der Müller; ›aber nur sehr wenige sprechen gut, was beweist, daß gut zu sprechen wesentlich schwerer ist und auch viel vornehmer.‹ Und streng blickte er über den Tisch hinweg seinen Sohn an, der sich so schämte, daß er den Kopf hängen ließ, scharlachrot anlief und anfing, in seinen Tee zu weinen. Nun ja, er war noch so jung, daß Sie ihm das nachsehen müssen.«

»Ist das das Ende der Geschichte?« fragte der Wasserratz.

»Ganz und gar nicht«, entgegnete der Hänfling, »das ist der Anfang.«

»Dann bist du gar nicht auf der Höhe der Zeit«, sagte der Wasserratz. »Die guten Geschichtenerzähler fangen heute alle mit dem Ende an, setzen mit dem Anfang fort und hören mit der Mitte auf. Das ist die neue Erzählweise. Von einem Kritiker, der mit einem jungen Mann um den Teich ging, habe ich alles darüber gehört. Er sprach des langen und breiten davon, und ich bin mir ganz sicher, daß er recht hatte, denn er hatte eine blaue Brille und eine Glatze, und wann immer der junge Mann etwas sagte, antwortete er stets: ›Bah!‹ Aber, bitte, erzähle weiter. Mir gefällt der Müller sehr. Ich selbst hege wundervolle Gefühle aller Art, so daß zwischen uns großes Einverständnis herrscht.«

»Nun«, sagte der Hänfling und hüpfte von einem Bein auf das andere, »sobald der Winter vorbei war und die Schlüsselblumen ihre blaßgelben Sterne öffneten, sagte der Müller zu seiner Frau, daß er den kleinen Hans besuchen gehen wolle.

›Was hast du doch für ein gutes Herz!‹ rief die

Frau aus; ›immer denkst du an die anderen. Und denk auch daran, den großen Korb für die Blumen mitzunehmen.‹

Also befestigte der Müller die Flügel der Windmühle mit einer starken Eisenkette und ging mit dem Korb über dem Arm den Berg hinunter.

›Guten Morgen, kleiner Hans‹, sagte der Müller.

›Guten Morgen‹, sagte Hans, auf den Spaten gelehnt, und lachte von Ohr zu Ohr.

›Und wie ist es dir den Winter über ergangen?‹ fragte der Müller.

›Aber wirklich‹, sagte Hans, ›wie freundlich von Ihnen, mich zu fragen, wirklich sehr freundlich. Ich fürchte, es war schon ziemlich hart, aber jetzt ist es wieder Frühling, und ich bin ganz glücklich, und meine Blumen gedeihen prächtig.‹

›Wir haben oft von dir gesprochen, Hans, im Winter‹, sagte der Müller, ›und überlegt, wie es dir ginge.‹

›Das war aber nett von Ihnen‹, sagte Hans. ›Ich dachte schon, Sie hätten mich vergessen.‹

›Ich muß mich doch sehr über dich wundern, Hans‹, sagte der Müller; ›ein Freund vergißt nie. Das ist das Wunderbare daran, aber ich fürchte, du verstehst die Poesie des Lebens nicht. Und, nebenbei, wie wunderhübsch die Schlüsselblumen sind!‹

›Sie sind wirklich sehr hübsch‹, sagte Hans, ›und ich bin sehr froh darüber, daß ich so viele habe. Ich werde sie zum Markt bringen und der Tochter des Bürgermeisters verkaufen, um mit dem Geld meine Schubkarre zurückzukaufen.‹

›Die Schubkarre zurückzukaufen? Du willst doch damit nicht sagen, daß du sie verkauft hast? Was für eine Dummheit!‹

›Nun, um die Wahrheit zu sagen‹, sagte Hans, ›ich mußte. Bedenken Sie, daß der Winter eine böse Zeit für mich war, und ich hatte wirklich überhaupt kein Geld, mir Brot zu kaufen. So verkaufte ich zuerst die Silberknöpfe von meiner Sonntagsjacke und dann die Silberkette und dann meine große Pfeife, und zuletzt verkaufte ich die Schubkarre. Aber jetzt werde ich alles zurückkaufen.‹

›Hans‹, sagte der Müller, ›ich schenke dir meine Schubkarre. Sie ist nicht in bestem Zustand – genau besehen ist eine Seite kaputt, und mit den Speichen ist etwas nicht in Ordnung. Trotzdem will ich sie dir schenken. Ich weiß, daß dies sehr großzügig von mir ist, und viele Leute mögen mich für einen

Narren halten, weil ich sie hergebe – doch ich bin eben nicht wie all die anderen. Ich meine, daß Großzügigkeit das innerste Wesen der Freundschaft ist – außerdem habe ich eine neue Schubkarre. Ja, du kannst ganz beruhigt sein, ich werde dir die Schubkarre schenken.‹

›Nun, das ist wirklich großzügig von Ihnen‹, sagte der kleine Hans, und sein lustiges rundes Gesicht glänzte vor Freude. ›Ich kann sie leicht wieder in Ordnung bringen, da ich eine Holzbohle im Haus habe.‹

›Eine Holzbohle!‹ sagte der Müller. ›Ja, das ist exakt das, was ich für mein Scheunendach brauche. Das hat ein großes Loch, und das Korn wird feucht werden, wenn ich es nicht stopfe. Wie gut, daß du das erwähnt hast! Es ist doch wirklich bemerkenswert, wie eine gute Tat stets eine weitere zeugt. Ich habe dir meine Schubkarre geschenkt, und nun wirst du mir deine Bohle schenken. Natürlich ist die Schubkarre viel mehr wert als die Bohle, aber wahre Freundschaft beachtet so etwas nie und nimmer. Hol sie doch bitte gleich, und ich kann mich noch heute in der Scheune an die Arbeit machen.‹

›Aber gewiß doch‹, rief der kleine Hans und rannte zum Schuppen und zog die Bohle heraus.

›Sie ist nicht sehr groß, die Bohle‹, sagte der Müller, diese betrachtend, ›und ich fürchte, es wird nichts übrigbleiben für dich, um die Schubkarre zu reparieren, nachdem ich das Scheunendach ausgebessert habe. Aber daran bin ja nicht ich schuld. Und da ich dir die Schubkarre geschenkt habe, willst du mir sicher ein paar Blumen dafür schenken. Da ist der Korb, und mach ihn ja ganz voll.‹

›Ganz voll?‹ fragte der kleine Hans ziemlich bekümmert, denn der Korb war wirklich sehr groß, und er wußte, daß ihm keine Blumen mehr für den Markt übrigbleiben würden, wenn er ihn ganz füllte, und er war sehr darauf bedacht, die Silberknöpfe zurückzubekommen.

›Aber, aber‹, entgegnete der Müller, ›da ich dir meine Schubkarre geschenkt habe, glaube ich nicht, daß es zuviel verlangt ist, dich dafür um ein paar Blumen zu bitten. Ich mag mich irren, aber ich hätte gedacht, daß Freundschaft, wahrer Freundschaft, jede Art von Selbstsucht gänzlich fremd ist.‹

›Mein teurer Freund, mein bester Freund‹, rief der kleine Hans aus, ›Sie können alle Blumen aus meinem Garten haben. Ihre gute Meinung ist mir allezeit viel wichtiger als meine Silberknöpfe.‹ Und er eilte hinweg, pflückte all die schönen Schlüsselblumen und füllte mit ihnen den Korb des Müllers.

›Auf Wiedersehen, kleiner Hans‹, sagte der Müller, und er schritt bergan, die Bohle über der Schulter und den großen Korb in der Hand.

›Auf Wiedersehen‹, sagte der kleine Hans und machte sich fröhlich daran, den Garten umzugraben – er war so heiter wegen der Schubkarre.

Am nächsten Tag war er gerade dabei, Geißblatt über dem Eingang zu befestigen, als er die Stimme des Müllers hörte, der ihn von der Straße her rief. Also sprang er die Leiter hinunter, lief durch den Garten und schaute über die Mauer.

Da stand der Müller und trug einen großen Sack voll Mehl auf dem Rücken.

›Mein lieber kleiner Hans‹, sagte der Müller, ›hättest du etwas dagegen, diesen Sack Mehl für mich zum Markt zu tragen?‹

›Oh, das tut mir aber leid‹, sagte Hans, ›aber ich habe heute wirklich viel zu tun. Ich muß noch alle Ranken befestigen, alle Blumen gießen und den ganzen Rasen walzen.‹

›Aber, aber‹, sagte der Müller, ›in Anbetracht dessen, daß ich dir meine Schubkarre schenken will, meine ich, daß es nicht sehr freundschaftlich von dir ist, mir dies abzuschlagen.‹

›Oh, sagen Sie nur das nicht‹, rief der kleine Hans aus, ›um alles in der Welt will ich nicht unfreundschaftlich sein.‹ Und er lief ins Haus, holte seine Mütze und wankte mit dem großen Sack über der Schulter davon.

Der Tag war heiß und die Straße schrecklich staubig, und ehe Hans den sechsten Meilenstein erreicht hatte, war er so müde, daß er sich hinsetzen und ausruhen mußte. Dennoch schritt er wacker aus und erreichte schließlich den Markt. Nachdem er dort eine Weile gewartet hatte, verkaufte er den Sack Mehl für gutes Geld und kehrte dann sogleich nach Hause zurück, da er fürchtete, daß ihm auf dem Heimweg Räuber begegnen könnten, wenn er zu lange verweilte.

›Das war schon ein sehr anstrengender Tag‹, sagte sich der kleine Hans, als er zu Bette ging; ›und doch bin ich froh, daß ich dem Müller es nicht abgeschlagen habe; denn er ist mein bester Freund und außerdem will er mir seine Schubkarre schenken.‹

Früh am nächsten Morgen kam der Müller herunter, um das Geld für den Sack Mehl abzuholen. Der kleine Hans aber war so müde, daß er noch im Bette lag.

›Bei meiner Treu‹, sagte der Müller, ›du bist recht faul. Nun wirklich! In Anbetracht dessen, daß ich dir meine Schubkarre schenken will, meine ich, du könntest härter arbeiten. Müßiggang ist aller Laster Anfang, und ich kann es gar nicht leiden, wenn meine Freunde müßig oder träge sind. Du hast doch nichts dagegen, wenn ich offen und ehrlich mit dir rede? Ich würde gewiß nicht im Traume daran denken, wenn ich nicht dein Freund wäre. Wozu aber wäre Freundschaft gut, wenn man nicht genau das sagen dürfte, was man meint. Ein jeder kann Nettigkeiten von sich geben und zu gefallen suchen und schmeicheln, aber ein wahrer Freund sagt immer das Unerfreuliche, und es macht ihm nichts aus, Schmerzen zu bereiten. Ja, wenn er wirklich ein wahrer Freund ist, ist ihm das sogar lieber, denn er weiß dann, daß er Gutes tut.‹

›Es tut mir so leid‹, sagte der kleine Hans, rieb sich die Augen und nahm die Nachtmütze ab, ›aber ich war so müde, daß ich dachte, ich könnte ein bißchen im Bett liegen bleiben und dem Gesang der Vögel lauschen. Ich weiß nicht, ob Sie es wissen, aber ich kann immer dann besser arbeiten, wenn ich dem Gesang der Vögel gelauscht habe.‹

›Nun, das freut mich‹, sagte der Müller und klopfte dem kleinen Hans auf den Rücken, ›denn ich möchte, daß du, sobald du angezogen bist, mit hinauf zur Mühle kommst und mir das Scheunendach reparierst.‹

Der arme kleine Hans war sehr darauf bedacht, in seinem Garten zu arbeiten, denn schon zwei Tage waren seine Blumen nicht gegossen worden; aber es mißfiel ihm, dem Müller die Bitte abzuschlagen, da dieser ihm ein so guter Freund war.

›Würden Sie es für unfreundschaftlich von mir halten, wenn ich sagte, daß ich viel zu tun habe?‹ erkundigte er sich schüchtern und zaghaft.

›Aber, aber‹, entgegnete der Müller, ›ich glaube nicht, daß es zuviel verlangt ist in Anbetracht dessen, daß ich dir meine Schubkarre schenken will. Aber, natürlich, wenn du es mir abschlägst, dann werde ich es selbst tun.‹

›O nein, auf keinen Fall‹, rief der kleine Hans aus, sprang aus dem Bett, zog sich an und ging zur Scheune hinauf.

Er arbeitete den ganzen Tag, bis die Sonne unterging, und als die Sonne unterging, kam der Müller, um zu sehen, wie er vorangekommen war.

›Hast du das Loch im Dach schon ausgebessert, kleiner Hans?‹ rief der Müller fröhlich.

›Es ist ganz ausgebessert‹, antwortete der kleine Hans und stieg die Leiter hinunter.

›Ach ja!‹ sagte der Müller. ›Keine Arbeit bereitet mehr Freude als die Arbeit, die für andere getan wird.‹

›Es ist gewiß ein großes Privileg, Sie reden hören zu dürfen‹, entgegnete der kleine Hans, setzte sich nieder und wischte sich die Stirn, ›ein sehr großes Privileg. Ich fürchte nur, daß ich nie auf solch schöne Gedanken wie Sie kommen werde.‹

›Oh, sie werden dir schon kommen‹, sagte der Müller, ›aber du mußt dir mehr Mühe geben. Im Augenblick kennst du nur die Praktiken der Freundschaft; eines Tages wirst du auch die Theorie kennenlernen.‹

›Meinen Sie wirklich?‹ fragte der kleine Hans.

›Ich hege keinerlei Zweifel‹, antwortete der Müller. ›Aber da du nun das Dach ausgebessert hast, solltest du nach Hause gehen und ausruhen, da ich dich brauche, um morgen meine Schafe in die Berge zu treiben.‹

Der arme kleine Hans war zu ängstlich, um dazu irgend etwas zu sagen, und früh am nächsten Morgen brachte der Müller seine Schafe hinunter zur Hütte, und Hans machte sich auf den Weg in die Berge. Er benötigte den ganzen Tag für den Hin- und Rückweg. Bei seiner Rückkehr aber war er so müde, daß er in seinem Stuhl einschlief und nicht aufwachte, ehe nicht der Tag hell hereinschien.

›Wie schön wird es in meinem Garten sein!‹ sagte er und machte sich sogleich an die Arbeit.

Aber irgendwie gelang es ihm nicht, sich um seine Blumen zu kümmern, denn sein Freund, der Müller, kam ständig vorbei und schickte ihn mit Aufträgen weit fort oder holte ihn, um in der Mühle auszuhelfen. Manchmal war der kleine Hans sehr beunruhigt, da er fürchtete, seine Blumen würden denken, er hätte sie vergessen; aber er tröstete sich mit dem Gedanken, daß der Müller sein bester

Freund sei. ›Und außerdem‹, pflegte er zu sagen, ›wird er mir seine Schubkarre schenken, und das ist eine Tat der reinsten Großzügigkeit.‹

Also arbeitete Hans weiter für den Müller, und der Müller sagte vielerlei schöne Dinge über die Freundschaft, die Hans sich in sein Notizbuch schrieb und in der Nacht nachlas, denn er war ein sehr guter Schüler.

Nun geschah es, daß es eines Abends, als der kleine Hans bei seinem Herdfeuer saß, laut an der Tür klopfte. Die Nacht war überaus unruhig, und der Wind blies und tobte so schrecklich um das Haus, daß Hans zunächst dachte, es sei nur der Sturm, doch dann klopfte es ein zweites und ein drittes Mal, und das lauter als zuvor.

›Es ist ein armer Wanderer‹, sagte sich der kleine Hans und eilte zur Tür.

Da stand der Müller und hielt eine Laterne in der einen Hand und einen Stab in der anderen.

›Lieber kleiner Hans‹, rief der Müller aus, ›ich bin in großer Not. Mein kleiner Sohn ist von der Leiter gefallen und hat sich verletzt, und ich bin auf dem Weg zum Doktor. Der aber wohnt so weit entfernt, und die Nacht ist so übel, daß es mir gerade eben durch den Kopf ging, daß es viel besser wäre, wenn du statt meiner hingingst. Du weißt, daß ich dir meine Schubkarre schenken werde, und darum ist es nur gerecht, wenn du zum Ausgleich etwas für mich tust.‹

›Aber gewiß‹, rief der kleine Hans aus, ›ich begreife es durchaus als ein Kompliment, daß Sie zu mir kommen, und ich will mich sogleich auf den Weg machen. Aber Sie müssen mir Ihre Laterne leihen, da die Nacht so finster ist, daß ich Angst habe, in den Graben zu fallen.‹

›Das tut mir aber leid‹, entgegnete der Müller, ›doch ist dies eine neue Laterne, und es wäre mir ein großer Verlust, wenn ihr etwas zustieße.‹

›Nun, macht nichts, ich komme auch ohne sie aus‹, sagte der kleine Hans, und er nahm seinen großen Pelzmantel und seine warme scharlachfarbene Mütze, band sich einen Schal um und machte sich auf den Weg.

Schrecklich wütete der Sturm! Die Nacht war so finster, daß der kleine Hans kaum etwas sehen konnte, und der Wind war so stark, daß er kaum stehen konnte. Wie dem auch sei: er war guten Muts, und nachdem er etwa drei Stunden gegangen war, gelangte er zum Hause des Doktors und klopfte an die Türe.

›Wer ist da?‹ rief der Doktor und steckte seinen Kopf aus dem Schlafzimmerfenster.

›Der kleine Hans, Herr Doktor.‹

›Was willst du, kleiner Hans?‹

›Der Sohn des Müllers ist von der Leiter gefallen und hat sich verletzt, und der Müller möchte, daß Sie sogleich kommen.‹

›Gut!‹ sagte der Doktor und ließ sich sein Pferd und die großen Stiefel und die Laterne bringen und kam herunter und ritt in Richtung der Mühle davon – der kleine Hans aber schleppte sich hinterher.

Doch der Sturm wurde schlimmer und schlimmer, und der Regen fiel wie ein Sturzbach, und der kleine Hans konnte weder den Weg erkennen noch mit dem Pferd Schritt halten. So kam er schließlich vom Wege ab und irrte über das Moor, das sehr gefährlich war, da es in ihm viele tiefe Gruben gab – und dort ertrank der arme kleine Hans. Am nächsten Tag fanden Ziegenhirten seinen Körper, der in einem großen Wasserloch trieb, und brachten ihn zu seiner Hütte.

Niemand fehlte bei dem Begräbnis des kleinen Hans, denn er war sehr beliebt, und der Müller war der Hauptleidtragende.

›Da ich sein bester Freund war‹, sagte der Müller, ›ist es nur gerecht, daß ich den besten Platz bekomme.‹ Also ging er in einem langen schwarzen Mantel an der Spitze der Prozession und wischte sich hin und wieder die Augen mit einem großen Taschentuch.

›Mit dem kleinen Hans haben wir alle einen großen Verlust erlitten‹, sagte der Schmied, nachdem das Begräbnis vorbei war und alle im Gasthaus gemütlich beisammen saßen, Glühwein tranken und Torte aßen.

›In jedem Fall habe ich einen großen Verlust erlitten‹, erwiderte der Müller; ›ich hatte ihm meine Schubkarre so gut wie geschenkt, und nun weiß ich wirklich nicht, was ich mit ihr anfangen soll. Zu Hause steht sie nur im Weg herum, und sie ist in so schlechtem Zustand, daß ich rein gar nichts für sie bekommen würde, wollte ich sie verkaufen. Ich werde mich in Zukunft gewiß davor hüten, noch einmal irgend etwas zu verschenken. Ja, wenn man großzügig ist, muß man ganz schön leiden.«

»Nun?« sagte der Wasserratz nach langem Schweigen.

»Nun, das ist das Ende«, sagte der Hänfling.

»Aber was wurde aus dem Müller?« fragte der Wasserratz.

»Oh, das weiß ich wirklich nicht«, erwiderte der Hänfling. »Und es ist mir auch ganz egal.«

»Es ist ganz offensichtlich, daß du kein natürliches Mitgefühl hast«, sagte der Wasserratz.

»Ich fürchte, Sie haben die Moral der Geschichte nicht ganz erkannt«, bemerkte der Hänfling.

»Die was?« kreischte der Wasserratz.

»Die Moral.«

»Willst du damit sagen, daß die Geschichte eine Moral hat?«

»Aber gewiß«, sagte der Hänfling.

»Aber, aber«, sagte der Wasserratz überaus zornig. »Das, meine ich, hättest du mir sagen sollen, bevor du anfingst. Hättest du das getan, so hätte ich dir ganz sicher nicht zugehört. Tatsache ist, ich hätte ›Bah!‹ gesagt, wie der Kritiker. Wie auch immer: ich kann es jetzt tun.« Also schrie er aus vollem Halse »Bah!«, schlug mit dem Schwanz und verschwand in seinem Loch.

»Und was hältst du von dem Wasserratz?« fragte die Ente, die ein paar Minuten später heranpaddelte. »Er hat eine ganze Reihe guter Eigenschaften, aber ich für mein Teil hege mütterliche Gefühle, und ich kann keinen eingefleischten Junggesellen sehen, ohne daß mir die Tränen kommen.«

»Ich befürchte, daß ich ihn verärgert habe«, entgegnete der Hänfling. »Tatsache ist, daß ich ihm eine Geschichte mit einer Moral erzählt habe.«

»Ah, so etwas zu tun ist immer gefährlich«, sagte die Ente.

Und ich kann ihr nur zustimmen.

Der glückliche Prinz

Hoch über der Stadt, auf einer mächtigen Säule, stand die Statue des Glücklichen Prinzen. Er war über und über mit feinstem Blattgold bedeckt, als Augen hatte er zwei glitzernde Saphire, und ein großer roter Rubin glühte auf dem Griff seines Schwertes.

Er wurde in der Tat sehr bewundert. »Er ist so schön wie ein Wetterhahn«, bemerkte einer der Stadträte, der gern als Kunstkenner gelten wollte. »Nur nicht ganz so nützlich«, fügte er hinzu, denn er fürchtete, die Leute würden ihn für unpraktisch halten, was er aber durchaus nicht war.

»Warum kannst du nicht wie der Glückliche Prinz sein?« fragte eine vernünftige Mutter ihren kleinen Jungen, der weinte und nach Sonne, Mond und Sternen verlangte. »Der Glückliche Prinz denkt nicht im Traum daran, zu weinen und irgend etwas zu verlangen.«

»Ich bin froh, daß es wenigstens einen auf der

Welt gibt, der vollkommen glücklich ist«, murmelte ein vom Leben enttäuschter Mann, als er die wunderbare Statue anstarrte.

»Er sieht genau wie ein Engel aus«, sagten die Waisenkinder, als sie in ihren hellen roten Kitteln und ihren sauberen weißen Schürzen aus dem Dom kamen.

»Woher wollt ihr das wissen?« fragte der Mathematiklehrer. »Ihr habt noch nie einen gesehen.«

»O doch! Das haben wir: in unseren Träumen«, antworteten die Kinder; und der Mathematiklehrer runzelte die Stirn und schaute sehr streng drein, denn er billigte es nicht, daß Kinder träumten.

Eines Nachts flog ein kleiner Schwalberich über die Stadt. Seine Freunde waren sechs Wochen zuvor nach Ägypten gezogen, aber er war geblieben, denn er hatte sich in eine wunderschöne Binse verliebt. Er hatte sie zu Beginn des Frühlings kennengelernt, als er hinter einer dicken gelben Motte her den Fluß hinunter geflogen war, und er hatte ihre schlanke Taille so anziehend gefunden, daß er sich niedergelassen hatte, um mit ihr zu reden.

»Soll ich dich lieben?« fragte der Schwalberich,

der gerne schnell zur Sache kam, und die Binse hatte sich tief vor ihm verneigt. Also flog er immerfort um die Binse herum, wobei er mit seinen Flügeln das Wasser berührte, das sich zu silbernen Wellen kräuselte. Das war seine Art der Werbung, und sie währte den ganzen Sommer.

»Es ist eine lächerliche Verbindung«, zwitscherten die anderen Schwalben. »Sie hat kein Geld und viel zu viele Verwandte.« Und tatsächlich gab es am Fluß viele Binsen. Dann, als der Herbst kam, flogen die Schwalben fort.

Nachdem sie fort waren, fühlte er sich einsam und fing an, seiner Geliebten überdrüssig zu werden. »Sie hat keine Konversation«, sagte er, »und ich fürchte, daß sie kokett ist, denn sie flirtet ständig mit dem Wind.« Und wirklich machte die Binse die graziösesten Knickse, wann immer Wind aufkam. »Ich gebe zu, daß sie häuslich ist«, fuhr er fort, »aber ich reise nun einmal gern, und meine Frau sollte folglich auch gerne reisen.«

»Kommst du mit mir?« fragte er sie schließlich, aber die Binse schüttelte den Kopf, denn sie hing so an ihrem Zuhause.

»Du hast nur mit mir gespielt«, rief er. »Ich

mach' mich auf zu den Pyramiden. Leb wohl!« Und er flog davon.

Er flog den ganzen Tag, und bei Einbruch der Nacht kam er in die Stadt. »Wo soll ich einkehren?« sagte er. »Ich hoffe, es sind Vorkehrungen getroffen worden.«

Dann sah er die Statue auf der mächtigen Säule.

»Dort werde ich einkehren«, rief er; »das ist ein schöner Ort mit viel frischer Luft.« Also ließ er sich genau zwischen den Füßen des Glücklichen Prinzen nieder.

»Ich habe ein goldenes Schlafzimmer«, sagte er leise zu sich selbst, während er sich umschaute, und wollte sich zur Ruhe begeben; doch als er gerade dabei war, seinen Kopf unter den Flügel zu stecken, fiel ein großer Wassertropfen auf ihn. »Wie merkwürdig!« rief er. »Es ist nicht eine einzige Wolke am Himmel, die Sterne sind ganz klar und hell, und doch regnet es. Das Klima im Norden Europas ist wirklich schrecklich. Die Binse mochte Regen, aber das lag nur an ihrer Selbstsucht.«

Dann fiel noch ein Tropfen.

»Was nützt eine Statue, wenn sie den Regen nicht abhalten kann?« sagte er. »Ich muß mich nach einem guten Schornstein umsehen«, und er beschloß fortzufliegen.

Aber bevor er seine Flügel ausgebreitet hatte, fiel ein dritter Tropfen, und er schaute hoch und sah – ach! was sah er dort?

Die Augen des Glücklichen Prinzen standen voll Tränen, und Tränen liefen an seinen goldenen Wangen herab. Sein Gesicht war im Mondschein so schön, daß der kleine Schwalberich von Mitleid ergriffen wurde.

»Wer bist du?« fragte er.

»Ich bin der Glückliche Prinz.«

»Warum weinst du dann?« fragte der Schwalberich. »Du hast mich völlig durchnäßt.«

»Als ich lebte und ein menschliches Herz hatte«, antwortete die Statue, »wußte ich nicht, was Tränen waren; denn ich lebte im Schloß Sanssouci, in das die Sorge keinen Zutritt hat. Tagsüber spielte ich mit meinen Gefährten im Garten, und abends führte ich den Tanz im Großen Saal an. Der Garten war von einer sehr hohen Mauer umgeben, und ich habe mich nie darum gekümmert, was jenseits lag – alles um mich herum war so schön. Meine Höflinge nannten mich den Glücklichen Prinzen, und glücklich war ich in der Tat, falls Vergnügen Glück ist. So lebte ich, und so starb ich. Und nun, da ich tot bin, haben sie mich hier so hoch aufgestellt, daß ich all die Häßlichkeit und all das Elend meiner Stadt sehen kann, und obwohl mein Herz aus Blei ist, muß ich doch weinen.«

»Wie? Er ist nicht aus purem Gold?« sagte der Schwalberich zu sich. Er war zu höflich, um irgend etwas, das persönlich genommen werden könnte, laut auszusprechen.

»Weit entfernt«, fuhr die Statue mit leiser, wohlklingender Stimme fort, »weit entfernt von hier in einer kleinen Straße liegt ein ärmliches Haus. Eines der Fenster ist offen, und durch dieses kann ich eine Frau an einem Tisch sitzen sehen. Ihr Gesicht ist schmal und verhärmt, und sie hat rauhe rote Hände, die völlig von Nadeln zerstochen sind, denn sie ist eine Näherin. Sie stickt gerade Passionsblumen auf ein Satinkleid, das die schönste Hofdame der Königin beim nächsten Hofball tragen will. In einem Bett in der Ecke des Zimmers liegt ihr kleiner Junge krank darnieder. Er hat Fieber und wünscht sich eine Orange. Seine Mutter kann ihm außer Flußwasser nichts geben, darum weint er. Schwalbe, Schwalbe, kleine Schwalbe, willst du ihr nicht den Rubin aus meinem Schwertgriff bringen? Meine Füße sind an diesem Sockel befestigt, und ich kann mich nicht bewegen.«

»Ich werde in Ägypten erwartet«, sagte der Schwalberich. »Meine Freunde fliegen den Nil hinauf und hinunter und sprechen mit den großen Lotusblumen. Bald werden sie sich in das Grabmal des großen Königs zum Schlafen begeben. Der König selbst ist dort in seinem bemalten Sarg. Er ist in gelbes Leinen gehüllt und mit Spezereien einbalsamiert. Um seinen Hals liegt eine Kette aus blaßgrüner Jade, und seine Hände sind wie welke Blätter.«

»Schwalbe, Schwalbe, kleine Schwalbe«, sagte der Prinz, »willst du nicht eine Nacht bei mir bleiben und mein Bote sein? Der Junge ist so durstig und die Mutter so traurig.«

»Ich glaube, ich mag keine Jungen«, antwortete der Schwalberich. »Als ich vergangenen Sommer am Fluß wohnte, haben zwei ungezogene Jungen, die Söhne des Müllers, immer Steine nach mir geworfen. Sie haben mich natürlich nie getroffen; dafür können wir Schwalben viel zu gut fliegen, und außerdem stamme ich aus einer Familie, die für ihre Flinkheit berühmt ist; aber es war dennoch ein Zeichen von Respektlosigkeit.«

Aber der Glückliche Prinz schaute so traurig drein, daß der kleine Schwalberich betrübt war. »Es ist sehr kalt hier«, sagte er; »aber ich will eine Nacht bei dir bleiben und dein Bote sein.«

»Danke, kleine Schwalbe«, sagte der Prinz.

So pickte der Schwalberich den großen Rubin aus dem Schwert des Prinzen und flog mit diesem im Schnabel fort über die Dächer der Stadt.

Er flog am Turm des Doms vorbei, dort wo die weißen Marmorengel stehen. Er flog am Palast vorbei und hörte den Klang der Tanzmusik. Eine schöne junge Frau trat mit ihrem Liebsten auf den Balkon. »Wie wunderbar die Sterne sind«, sagte er zu ihr, »und wie wunderbar ist die Macht der Liebe!«

»Ich hoffe, mein Kleid wird rechtzeitig zum Staatsball fertig sein«, antwortete sie. »Ich habe angeordnet, daß es mit Passionsblumen bestickt werden soll; aber die Näherinnen sind so faul.«

Er flog über den Fluß und sah die Laternen an den Masten der Schiffe hängen. Er flog über das

Ghetto und sah, wie die alten Juden miteinander feilschten und Geld in kupfernen Schalen auswogen. Schließlich kam er zu dem ärmlichen Haus und schaute hinein. Der Junge warf sich fiebrig auf seinem Bett hin und her, und die Mutter war vor lauter Müdigkeit eingeschlafen. Er hüpfte hinein und legte den großen Rubin auf den Tisch, neben den Fingerhut der Frau. Dann flog er behutsam um das Bett und fächelte die Stirn des Jungen mit seinen Flügeln. »Wie kühl mir ist!« sagte der Junge. »Es muß mir wohl bessergehen«, und er sank in einen süßen Schlummer.

Dann flog der Schwalberich zurück zum Glücklichen Prinzen und erzählte ihm, was er getan hatte. »Es ist seltsam«, bemerkte er, »aber mir ist nun ganz warm, obwohl es doch so kalt ist.«

»Das liegt daran, daß du eine gute Tat vollbracht hast«, sagte der Prinz.

Und der kleine Schwalberich fing an nachzudenken und schlief darüber ein. Denken machte ihn immer schläfrig.

Als der Tag anbrach, flog er zum Fluß hinunter und nahm ein Bad. »Was für ein bemerkenswertes Phänomen!« sagte der Professor für Ornithologie, als er die Brücke überquerte. »Eine Rauchschwalbe im Winter!« Und er schrieb darüber einen langen Artikel in der Lokalzeitung. Diesen zitierten alle: er war so voller Wörter, die niemand verstand.

»Heute abend fliege ich nach Ägypten«, sagte der Schwalberich, und diese Aussicht stimmte ihn überaus fröhlich. Er besuchte alle Denkmäler der Stadt und saß lange auf der Kirchturmspitze. Wo immer er auch hinkam, tschilpten die Spatzen und sagten zueinander: »Was für ein distinguierter Fremder!« Dies genoß er sehr.

Als der Mond aufging, flog er zum Glücklichen Prinzen zurück. »Hast du irgendwelche Aufträge für Ägypten?« rief er. »Ich breche gerade auf.«

»Schwalbe, Schwalbe, kleine Schwalbe«, sagte der Prinz, »willst du nicht noch eine Nacht bei mir bleiben?«

»Ich werde in Ägypten erwartet«, antwortete der Schwalberich. »Morgen werden meine Freunde bis zum zweiten Katarakt fliegen. Das Flußpferd liegt dort im Schilf, und auf einem großen Thron aus Granit sitzt der Gott Memnon. Die ganze Nacht betrachtet er die Sterne, und wenn der Morgenstern erstrahlt, stößt er einen Freudenschrei aus und ist dann wieder stumm. Mittags kommen die gelben Löwen zum Flußufer herab, um zu trinken. Sie haben Augen wie grüner Beryll, und ihr Brüllen ist lauter als das des Katarakts.«

»Schwalbe, Schwalbe, kleine Schwalbe«, sagte der Prinz, »weit weg von hier, am anderen Ende der Stadt, sehe ich einen jungen Mann in einer Dachkammer. Er beugt sich über ein mit Papier bedecktes Pult, neben ihm steht ein Becher mit einem Strauß verwelkter Veilchen. Er hat braunes, lockiges Haar, und seine Lippen sind rot wie Granatäpfel, und er hat große verträumte Augen. Er versucht, ein Stück für den Direktor des Stadttheaters zu Ende zu schreiben, aber er friert zu sehr, um noch weiter schreiben zu können. Im Ofen ist kein Feuer, und der Hunger hat ihn geschwächt.«

»Ich werde noch eine Nacht bei dir bleiben«, sagte der Schwalberich, der wirklich ein gutes Herz hatte. »Soll ich ihm auch einen Rubin bringen?«

»Ach! Ich habe keinen Rubin mehr«, sagte der Prinz. »Meine Augen sind alles, was mir geblieben ist. Sie sind aus seltenen Saphiren, die vor tausend Jahren aus Indien hierhergebracht wurden. Reiß eines davon heraus, und bring es ihm. Er wird es an einen Juwelier veräußern und dafür Brennholz kaufen und sein Stück zu Ende schreiben.«

»Lieber Prinz«, sagte der Schwalberich, »das kann ich nicht tun.« Und er begann zu weinen.

»Schwalbe, Schwalbe, kleine Schwalbe«, sagte der Prinz, »tu, was ich dir befehle.«

So riß der Schwalberich dem Prinzen das Auge aus und flog zur Dachkammer des Studenten. Es war ganz einfach hineinzugelangen, denn das Dach hatte ein Loch. Durch dieses schlüpfte er in die Kammer. Der junge Mann hatte den Kopf in seinen Händen vergraben, so daß er das Flattern der Flügel nicht hörte, und als er wieder aufschaute, sah er den schönen Saphir, der auf den verwelkten Veilchen lag.

»Ich finde allmählich Anerkennung«, rief er aus. »Dies stammt gewiß von einem großen Bewunderer. Nun kann ich mein Stück zu Ende schreiben«, und er sah sehr glücklich aus.

Am nächsten Tag flog der Schwalberich zum Hafen hinunter. Er setzte sich auf den Mast eines großen Schiffs und sah zu, wie die Seeleute mit Seilen große Kisten aus dem Bauch des Schiffs hievten. »Hol an, ahoi!« schrien sie bei jeder Kiste, die hochkam.

»Ich reise nach Ägypten!« rief der Schwalberich, aber keiner beachtete ihn, und als der Mond aufging, flog er zurück zum Glücklichen Prinzen.

»Ich bin gekommen, um dir Lebewohl zu sagen«, rief er.

»Schwalbe, Schwalbe, kleine Schwalbe«, sagte der Prinz, »willst du nicht noch eine Nacht bei mir bleiben?«

»Es ist Winter«, antwortete der Schwalberich, »und bald wird der kalte Schnee fallen. In Ägypten scheint die Sonne warm auf die grünen Palmen, und die Krokodile liegen im Schlamm und schauen träge umher. Meine Freunde bauen ein Nest im Tempel von Baalbek und die rosaweißen Tauben schauen ihnen zu und gurren und schnäbeln. Lieber Prinz, ich muß dich verlassen, aber ich werde dich niemals vergessen, und im nächsten Frühling bringe ich dir zwei schöne Edelsteine für die, die du verschenkt hast. Der Rubin soll röter sein als eine rote Rose, und der Saphir soll so blau sein wie das weite Meer.«

»Dort unten auf dem Platz«, sagte der Glückliche Prinz, »steht ein kleines Mädchen, das Zündhölzer verkauft. Die Zündhölzer sind ihr in den Rinnstein gefallen, und sie sind alle verdorben. Ihr Vater wird sie schlagen, wenn sie kein Geld nach Hause bringt, und nun weint sie. Sie hat weder Schuhe noch Strümpfe, und ihr kleiner Kopf ist nicht bedeckt. Reiß mein anderes Auge heraus, und bring es ihr, dann wird ihr Vater sie nicht schlagen.«

»Ich werde noch eine Nacht bei dir bleiben«, sagte der Schwalberich, »aber ich kann dir dein Auge nicht herausreißen. Du wärest dann vollkommen blind.«

»Schwalbe, Schwalbe, kleine Schwalbe«, sagte der Prinz, »tu, was ich dir befehle.«

Also riß der Schwalberich dem Prinzen das andere Auge heraus und flog pfeilschnell hinab. Er sauste an dem Mädchen mit den Zündhölzern vorbei und ließ den Edelstein unmerklich in ihre Hand gleiten. »Was für ein hübsches Glasstückchen!« rief das kleine Mädchen und lief lachend heim.

Dann kehrte der Schwalberich zum Prinzen zurück. »Nun bist du blind«, sagte er, »deshalb will ich für immer bei dir bleiben.«

»Nein, kleine Schwalbe«, sagte der arme Prinz, »du mußt fort nach Ägypten.«

»Ich werde für immer bei dir bleiben«, sagte der Schwalberich, und er schlief zu den Füßen des Prinzen ein.

Den ganzen nächsten Tag saß er auf der Schulter des Prinzen und erzählte ihm, was er in fremden Ländern gesehen hatte. Er erzählte ihm von den roten Ibissen, die in langen Reihen an den Ufern des Nils stehen und mit ihren Schnäbeln Goldfische fangen; von der Sphinx, die so alt ist wie die Welt selbst und in der Wüste lebt und alles weiß; von den Kaufleuten, die langsam neben ihren Kamelen hergehen und Bernsteinketten in ihren Händen tragen; von dem König der Mondberge, der so schwarz ist wie Ebenholz und einen großen Kristall verehrt; von der großen grünen Schlange, die in einer Palme schläft und zwanzig Priester hat, welche sie mit Honigkuchen füttern; und von den Pygmäen, die auf breiten flachen Blättern über einen großen See segeln und mit den Schmetterlingen unaufhörlich im Krieg liegen.

»Liebe kleine Schwalbe«, sagte der Prinz, »du erzählst mir von wunderbaren Dingen, aber wunderbarer als alles ist das Leid der Männer und Frauen. Kein Mysterium ist so groß wie das des Elends. Flieg über meine Stadt, kleine Schwalbe, und sage mir, was du dort siehst.«

So flog der Schwalberich über die große Stadt und sah, wie die Reichen sich in ihren schönen Häusern vergnügten, während die Bettler vor den Toren saßen. Er flog in dunkle Gassen und sah die weißen Gesichter hungernder Kinder gleichgültig in die schwarzen Straßen starren. Unter einem Brückenbogen lagen zwei kleine Jungen, die einander umschlungen hielten und versuchten, sich warm zu halten. »Wir haben solchen Hunger!« sagten sie. »Ihr dürft hier nicht liegen«, rief die Wache, und sie gingen hinaus in den Regen.

Dann flog er zurück und erzählte dem Prinzen, was er gesehen hatte.

»Ich bin ganz mit feinstem Gold bedeckt«, sagte der Prinz. »Du mußt es abnehmen, Blatt für Blatt, und es meinen Armen geben; die Lebenden glauben immer, daß Gold sie glücklich machen kann.«

Blatt um Blatt pickte der Schwalberich das Gold ab, bis der Glückliche Prinz ganz stumpf und grau aussah. Blatt um Blatt brachte er das Gold den Armen, und die Gesichter der Kinder wurden rosiger, und sie lachten und spielten auf der Straße. »Jetzt haben wir Brot!« riefen sie.

Dann kam der Schnee, und nach dem Schnee kam der Frost. Die Straßen sahen aus, als wären sie aus Silber, so sehr glänzten und glitzerten sie; lange Eiszapfen hingen wie kristallene Dolche von den Dachrinnen der Häuser. Alle hatten Pelze an, und die kleinen Jungen trugen scharlachrote Mützen und liefen Schlittschuh auf dem Eis.

Dem armen kleinen Schwalberich wurde kalt und kälter, aber er wollte den Prinzen nicht allein lassen – er liebte ihn zu sehr. Er pickte Krumen vor der Tür der Bäckerei auf, wenn der Bäcker gerade nicht hinsah, und versuchte sich warm zu halten, indem er mit den Flügeln schlug.

Aber schließlich merkte er, daß er sterben würde. Er hatte gerade Kraft genug, um noch einmal auf die Schulter des Prinzen hinaufzufliegen. »Leb wohl, lieber Prinz!« murmelte er, »darf ich deine Hand küssen?«

»Ich bin froh, daß du nun doch noch nach Ägypten reist, kleine Schwalbe«, sagte der Prinz.

»Du bist zu lange hiergeblieben; aber du mußt mich auf die Lippen küssen, denn ich liebe dich.«

»Ich reise nicht nach Ägypten«, sagte der Schwalberich, »ich reise zum Haus des Todes. Der Tod ist doch der Bruder des Schlafs, ist es nicht so?«

Und er küßte den Glücklichen Prinzen auf die Lippen und fiel tot zu dessen Füßen nieder.

In diesem Augenblick ertönte ein merkwürdiges Knacken im Inneren der Statue, als ob etwas geborsten wäre. Und in der Tat war das bleierne Herz geradewegs in zwei Teile zersprungen. Es war ja auch wirklich ein schrecklich strenger Frost.

Früh am nächsten Morgen ging der Bürgermeister in Begleitung der Stadträte unten über den Platz. Als sie an der Säule vorbeikamen, blickte er zur Statue hinauf: »Du meine Güte! Wie schäbig der Glückliche Prinz aussieht!« sagte er.

»Wirklich schäbig!« riefen die Stadträte, die dem Bürgermeister stets beipflichteten, und sie gingen hin, um sich dies genauer anzuschauen.

»Der Rubin ist aus seinem Schwert herausgefallen, die Augen sind fort, und er ist nicht mehr golden«, sagte der Bürgermeister. »Er ist wahrhaftig nicht viel besser als ein Bettler!«

»Nicht viel besser als ein Bettler!« sagten die Stadträte.

»Und hier liegt doch tatsächlich ein toter Vogel zu seinen Füßen!« fuhr der Bürgermeister fort. »Wir müssen unbedingt eine Verordnung erlassen, nach welcher es Vögeln nicht erlaubt ist, hier zu sterben.« Und der Stadtschreiber notierte den Vorschlag.

So rissen sie die Statue des Glücklichen Prinzen ab. »Weil er nicht mehr schön ist, ist er auch nicht mehr nützlich«, sagte der Professor für Ästhetik an der Universität.

Dann schmolzen sie die Statue in einem Brennofen ein, und der Bürgermeister hielt eine Sitzung des Stadtrats ab, um zu beschließen, was mit dem Metall geschehen sollte. »Wir brauchen selbstverständlich eine neue Statue«, sagte er, »und es soll eine Statue von mir sein.«

»Von mir«, sagte jeder der Stadträte, und sie fingen an, sich zu streiten. Als ich zuletzt von ihnen hörte, stritten sie immer noch.

»Wie seltsam!« sagte der Aufseher in der Schmelzhütte. »Dieses gebrochene Bleiherz will im Ofen einfach nicht schmelzen. Wir müssen es wegwerfen.« Also warfen sie es auf einen Abfallhaufen, auf dem auch der tote Schwalberich lag.

»Bring mir die beiden kostbarsten Dinge der Stadt«, sprach Gott zu einem seiner Engel; und der Engel brachte ihm das bleierne Herz und den toten Vogel.

»Du hast recht gewählt«, sprach Gott, »denn in meinem Paradiesesgarten soll dieser kleine Vogel ewiglich singen, und in meiner goldenen Stadt soll der Glückliche Prinz mich lobpreisen.«

scar Fingal O'Flahertie Wills Wilde wurde 1854 in Dub-
n als Sohn eines Arztes und einer unkonventionellen Poe-
n geboren. Sprachliche Virtuosität und Exzeß waren ihm
die Wiege gelegt. Nach einem glanzvollen Studium in
xford ergreift er keinen Brotberuf, sondern amüsiert und
rovoziert in London als exzentrischer Dandy das spät-
iktorianische Bürgertum – und beginnt zu schreiben. Zwi-
hen 1888 und 1895 erscheinen seine wichtigsten Werke:
geniöse Essays, der berühmte Roman ›Das Bildnis des
orian Gray‹, Erzählungen (Das Gespenst von Canterville)
nd Märchen. Doch der gefeierte Autor, der 1884 heiratet
nd Vater zweier Söhne ist, beginnt ab 1886 seine Homo-
xualität zu leben. 1895 wird er in einem spektakulären
rozeß vom Vater seines Freundes Lord Douglas verklagt
nd zu zwei Jahren Zuchthaus mit Zwangsarbeit verurteilt.
ereinsamt und verarmt stirbt er 1900 im Pariser Exil.
icht von ungefähr stehen Liebe und Freundschaft auch im
ittelpunkt der drei in diesem Band ausgewählten Märchen
ildes, die bereits 1888 erschienen. Es sind sprachliche
unstwerke, die vertraute Motive neu arrangieren und die
renzen zwischen Ethik und Ästhetik bewußt verfließen
ssen.